Für alle meine Kinder

Gefühle hat doch jeder!
ISBN 978-3-96129-274-5

Edel Kids Books
Ein Verlag der Edel Verlagsgruppe

www.edel.com
1. Auflage 2022

Originaltitel: *Känsloboken*

First published by B. Wahlströms, Sweden, 2020
Published by agreement with Rabén & Sjögren Agency

Aus dem Schwedischen übersetzt von Meike Blatzheim
Satz: Büro 18, Friedberg (Bayern)
Lektorat: Beatrice Kunkel
Herstellung: Frank Jansen
Druck und Bindung: optimal media GmbH, Röbel

Printed in Germany

Reyhaneh Ahangaran

GEFÜHLE HAT DOCH JEDER!

WAS WIR FÜHLEN UND WIE MAN DAMIT UMGEHT

mit Illustrationen von
Annika Lundholm Moberg

aus dem Schwedischen von
Meike Blatzheim

EDEL
KIDS BOOKS

INHALT

AN DICH

In diesem Buch erfährst du mehr darüber, wie Gefühle entstehen und warum es dir so geht, wie es dir geht. Das kann zum Beispiel mit dem zusammenhängen, was zu Hause, in der Schule oder zwischen dir und deinen Freundinnen und Freunden passiert.

Du kannst das Buch allein lesen, aber auch zusammen mit einem Erwachsenen. Beides kann schön sein: ganz für sich über die eigenen Gefühle nachzudenken oder mit jemandem, dem man vertraut, darüber zu sprechen.

Bestimmt erkennst du dich an der einen oder anderen Stelle wieder, denkst bei einer Beschreibung, dass es sich genau so auch für dich anfühlt. Andere Dinge kennst du gar nicht von dir, sondern findest sie eher komisch. Das ist kein Wunder, denn jeder Mensch ist anders, und wir erleben außerdem alle unterschiedliche Dinge.

Es kann sein, dass dir die Probleme, die ich im Buch beschreibe, ziemlich klein vorkommen, weil du selbst ein viel größeres hast. Ich weiß, wie schwer es manche Kinder haben, und denke auch an dich. Selbst wenn du dich nicht so sehr in dem, wovon ich erzähle, wiedererkennst, hoffe ich, dass dir das Buch trotzdem hilft. Es kann dir Mut machen, einem Erwachsenen zu erzählen, wie es dir geht, damit er oder sie dir hilft. Mehr dazu findest du ganz am Ende des Buchs.

Ich glaube fest daran, dass du Probleme in deinem Leben besser lösen kannst, je besser du deine Gefühle kennst.

Reyhaneh

WAS SIND GEFÜHLE?

Gefühle spielen sich in unserem Körper und in unserem Kopf ab. Ein Gefühl zeigt sich, nachdem etwas passiert ist. Das kann etwas sein, das du erlebt hast, aber auch etwas, das du nur gedacht hast. Gefühle werden also von deinen Erlebnissen oder von deinen Gedanken beeinflusst.

Manchmal ist es richtig schwer, den eigenen Gefühlen auf den Grund zu gehen. Du fühlst dich zum Beispiel irgendwie komisch und hast keine Ahnung, warum. Oder du bist total glücklich, obwohl gar nichts Besonderes passiert ist. Es ist ganz normal, nicht immer zu verstehen, was man fühlt – den meisten Menschen geht es ab und zu so.

Lerne deine Gefühle kennen

Wusstest du, dass du trainieren kannst, deine Gefühle zu begreifen? Je mehr du dich mit ihnen beschäftigst, desto besser verstehst du dich selbst. Wenn du zum Beispiel merkst, dass du oft komisch drauf bist, nachdem du dich mit einem bestimmten Freund getroffen hast, versuch mal, herauszubekommen, warum das so ist. Vielleicht stellst du fest, dass es immer dein Freund ist, der entscheidet, was ihr macht, oder dass er fiese Sachen zu dir sagt. Das komische Gefühl kann dann sowohl Traurigkeit als auch Wut sein. Dabei sind Freunde und Freundinnen dafür da, dass du dich in ihrer Gegenwart gut fühlst! Also entscheidest du dich vielleicht, nicht mehr so viel Zeit mit diesem einen Freund zu verbringen.

Auch wenn du glücklich bist, kannst du versuchen, herauszufinden, warum das so ist. Was erzeugt dieses Gefühl? Wenn du das weißt, kannst du diese Sachen häufiger machen.

Wenn du zu viel fühlst

Ab und zu kommt es vor, dass wir überreagieren. Das bedeutet, dass du viel stärker auf etwas reagierst, als es für andere passend erscheint. Du fängst an zu weinen, weil dir eine Tasse zerbricht, oder wirst megawütend, wenn deine Mutter sagt, dass es heute keine Süßigkeiten gibt. Wie du auf etwas reagierst, hängt nämlich auch davon ab, wie es dir insgesamt geht. Wenn du schlecht geschlafen hast, krank oder besorgt bist, hast du weniger Geduld, als wenn es dir gut geht. In solchen Momenten kann es passieren, dass du wegen einer Kleinigkeit, die du sonst gar nicht richtig wahrgenommen hättest, an die Decke gehst.

Manchmal ist es aber auch umgekehrt: Du fühlst beinah nichts, nur eine große Leere. Meist passiert das, wenn du sehr müde oder traurig bist.

KÖRPER UND KOPF HÄNGEN ZUSAMMEN

Jeder Mensch hat irgendwann mal jedes Gefühl. Wir sind fröhlich, zufrieden und glücklich. Oder wir sind traurig, machen uns Sorgen, haben Angst.

Manchmal weißt du genau, warum du solche blöden Gefühle hast. Es ist etwas Trauriges passiert, oder du hast an etwas gedacht, das dir Angst macht.

Manchmal hast du aber auch überhaupt keine Ahnung, warum du dich schlecht fühlst. Mach dir darüber keine Gedanken – allen geht es mal so.

Wenn der Körper krank ist

Auch dein Körper hat viele Möglichkeiten, zu zeigen, dass etwas nicht stimmt. Du bekommst eine Erkältung, Fieber oder eine Magen-Darm-Grippe. Dann bist du ein paar Tage krank, bevor du wieder gesund wirst.

BESORGT ZUVERSICHTLICH

ALBERN SAUER NERVÖS

gelassen neugierig

UNSICHER FROH

ÜBERRASCHT

TRAURIG aufgeweckt

KRIBBELIG

genervt UNGEDULDIG

schüchtern wütend

ängstlich GLÜCKLICH

ENTTÄUSCHT

Es gibt natürlich auch Krankheiten, die nicht einfach so vorbeigehen, sondern ein Leben lang bleiben. Dann musst du vielleicht jeden Tag Medikamente nehmen, kannst damit aber fast so leben wie alle anderen.

Wenn du zu viele Süßigkeiten isst, bekommst du Bauchweh. Aber es gibt auch Bauchweh, bei dem du nicht weißt, woher es kommt. Von zu wenig Schlaf kannst du Kopfschmerzen bekommen, aber manchmal tut dir der Kopf auch weh, ohne dass es eine körperliche Ursache gibt.

Wie deine Gedanken deinen Körper beeinflussen

Körper und Kopf hängen zusammen. Unangenehme Gefühle machen sich deshalb oft körperlich bemerkbar. Du bekommst Bauch- oder Kopfschmerzen oder fühlst dich schlapp und krank.

Wenn dich etwas bedrückt, zum Beispiel, dass du in der Schule nicht so viele Freundinnen hast, grummelt es im Magen, wenn du dorthin musst. Auch wenn du zu Hause Probleme hast, es viel Streit gibt oder ein Elternteil niedergeschlagen und traurig ist, kann es sein, dass du Bauchweh bekommst. Vielleicht tut dir sogar so ziemlich alles weh.

Traurigkeit oder Angst können also zu körperlichen Beschwerden führen. Oft denkst du dann, dass du krank bist.

Es ist ja auch ziemlich seltsam, wenn sogar der Arzt nichts feststellen kann und du nur deshalb Schmerzen hast, weil dich deine Gefühle quälen.

Nur weil die Schmerzen keine körperliche Ursache haben, heißt das nicht, dass du dir sie einbildest – klar tut dir

etwas weh! Es sind die schlechten Gefühle, unter denen der Körper leidet. Dagegen helfen keine Medikamente, sondern du musst etwas gegen das tun, was falschläuft. Und dafür brauchst du fast immer Hilfe von einem Erwachsenen. Frag erst mal deine Eltern. Falls die nicht weiterwissen, kann dir ein Lehrer oder eine Psychologin helfen.

- Wenn du dir Sorgen machst, zieht sich dein Magen zusammen und tut weh
- Wenn du gestresst bist, verspannst du dich und bekommst Kopfschmerzen

Was kannst du tun, wenn es dir nicht gut geht?

Wenn es dir schlecht geht, fühlt es sich manchmal so an, als würde das jetzt für immer so bleiben. Aber unangenehme Gefühle kommen und gehen. Nur, weil du heute traurig bist, heißt das nicht, dass du nun immer traurig sein wirst.

Es ist wichtig, dass du mit einem Erwachsenen über deine Gefühle sprichst. Es ist die Aufgabe der Erwachsenen, ihr Bestes zu geben, damit es dir gut geht. Sie sind verpflichtet, dir zu helfen, wenn etwas in deinem Leben schwierig ist.

Beispiel 1:
Bisher bist du immer gern zur Schule gegangen. Aber letzten Monat ist ein neuer Schüler in eure Klasse gekommen, der sich mit deiner besten Freundin angefreundet hat. Plötzlich fühlst du dich ausgeschlossen. Deshalb fühlt es sich an, als hättest du einen Stein im Bauch, wenn du zur Schule musst.

Beispiel 2:
Deine Eltern streiten sich ziemlich oft. Du weißt nie, ob wieder dicke Luft herrscht oder ob sie nett zueinander sind, wenn du nach Hause kommst. Also machst du dir Sorgen, grübelst ständig über diese Sache, und davon kriegst du Kopfschmerzen. Wenn es dann wirklich losgeht und deine Eltern sich anschreien, platzt dein Kopf fast, und dein ganzer Körper tut weh!

Gute und schlechte Geheimnisse

Gute Geheimnisse fühlen sich toll an, und es macht Spaß, an sie zu denken. Die kannst du geheim halten, wenn du möchtest. Vielleicht hast du aber auch schon mal ein schlechtes Geheimnis gehabt. Das ist ein Geheimnis, das dir Angst macht, zum Beispiel, wenn jemand etwas tut oder sagt, das sich nicht gut anfühlt, also etwa deinen Körper berührt, ohne dass du das willst. Und dann sagt derjenige womöglich, dass das ein Geheimnis zwischen euch beiden bleiben soll. Solche Geheimnisse sollst du – musst du – immer einem Erwachsenen erzählen, selbst wenn die Person dir das verbietet.

Denk immer daran: Dein Körper gehört dir! Du entscheidest, wer dich wie berühren darf.

Wie fühlt sich dein Körper an, wenn du traurig bist?

Wie, wenn du wütend bist?

Und wie, wenn du dich freust?

Mit welchen Erwachsenen kannst du reden, wenn es dir schlecht geht?

Mit wem kannst du über ein schlechtes Geheimnis sprechen?

WUT

Ich explodiere gleich!

Alle werden mal wütend – manche sogar richtig oft. Wenn du müde oder hungrig bist oder wenn es dir nicht so gut geht, wirst du schneller wütend als sonst. Dann bist du nämlich weniger geduldig, und schon die kleinste Kleinigkeit lässt dich in die Luft gehen.

So kann es sich anfühlen, wenn du wütend bist: Dir wird warm, du beginnst zu zittern, dein Herz schlägt schneller, du willst um dich schlagen und laut schreien.

Wütend wirst du, weil dich jemand ärgert oder sich etwas ungerecht anfühlt. Wenn jemand fies zu dir ist, solltest du das einem Erwachsenen erzählen. Auch wenn dir etwas ungerecht erscheint, schadet es nichts, darüber zu sprechen und herauszufinden, ob du etwas dagegen tun kannst.

Manchmal wirst du wütend, obwohl du eigentlich traurig bist. Dann ist es für die Erwachsenen gar nicht so leicht, zu erkennen, dass du eigentlich nur jemanden brauchst, der dich tröstet und dir zuhört.

Es ist völlig in Ordnung, wütend zu sein. Nicht okay ist es, jemanden zu schlagen oder etwas kaputt zu machen. Die Wut hält sich dadurch nämlich sogar noch länger. Oder du schämst dich für das, was du angerichtet hast, und alles wird nur noch schwieriger.

Wenn du häufig wütend bist, versuch rauszufinden, woran das liegt. Hast du Ärger in der Schule? Ist jemand gemein zu dir? Stimmt etwas zu Hause nicht? Manchmal weiß man nicht gleich, warum man wütend ist, aber es ist immer gut, der Sache auf den Grund zu gehen. Auch deine Eltern oder andere Erwachsene können dir bei dieser Spurensuche helfen.

Kontrolliere deine Wut!

Wenn du wütend bist, kannst du:

- Ein paar Mal langsam ein- und ausatmen
- Kurz aus der Situation weggehen
- Bis zehn zählen, bevor du etwas sagst

So beruhigst du dich und sagst nichts, das du hinterher bereuen wirst.

Stopp – denk nach – weiter

Du kannst dir das Ganze wie eine Ampel vorstellen.

STOPP	Stopp dich selbst. Halt an!
DENK NACH	Überleg, was du jetzt tun willst. Was ist das Beste?
WEITER	Tu, was du für das Beste hältst.

Was macht dich wütend?

Wie fühlt sich dein Körper an, wenn du wütend bist?

Stell dir eine Situation vor, in der du wütend wirst, obwohl es besser wäre, ruhig zu bleiben. Was kannst du tun, um dich möglichst schnell zu beruhigen?

TRAURIG

Ich will einfach nur weinen

Alle Menschen – egal, ob Kinder oder Erwachsene – sind ab und zu traurig. Traurigkeit zeigt sich auf viele Arten: Vielleicht brennt es hinter deinen Augen, und du musst weinen. Vielleicht tut dir auch irgendetwas weh, zum Beispiel der Bauch oder der Kopf.

Wenn du traurig bist, hast du traurige Gedanken und machst dir Sorgen. Meistens verschwindet die Traurigkeit nach einer Weile, und es geht dir wieder gut.

Manchmal passiert etwas, das dich für lange Zeit traurig macht. Du hast vielleicht keine Freundinnen und Freunde, obwohl du so gern welche hättest, oder es gibt Streit zu Hause. Dann wirst du nicht von allein wieder fröhlich. Auch dann solltest du dir Hilfe suchen. Zum Beispiel können deine Eltern mit dir zusammen überlegen, wie du neue Freunde findest.

Manchmal versteckt sich die Traurigkeit hinter Wut. Womöglich bist du ständig wütend und weißt nicht, warum. Herauszufinden, dass eigentlich Traurig-

keit die Ursache für deine Wut ist, ist dann gar nicht so leicht. Deshalb ist es wichtig, dass die Erwachsenen nachfragen, wie es dir geht, und dir Zeit zum Erzählen geben. Und richtig zuhören müssen sie auch und nicht gleich glauben, dass sie schon wissen, was du meinst, denkst und fühlst. „Ich will jetzt, dass du mir zuhörst“, das kannst du ruhig sagen, wenn du den Eindruck hast, dass das mit dem Zuhören nicht klappt. Oder du schlägst vor, dass ihr später weiterredet, wenn der Erwachsene mehr Zeit hat.

Das hilft, wenn du traurig bist

- Denk dran, dass es okay ist, traurig zu sein.
- Sprich mit einem Erwachsenen, dem du vertraust. Blöde Gefühle fühlen sich oft schon viel weniger blöd an, wenn man mit jemandem darüber redet. Und vielleicht findet ihr gemeinsam einen Weg, die Traurigkeit zu überwinden.
- Tu Dinge, die dir Spaß machen. Was macht dich glücklich?

Was macht dich traurig?

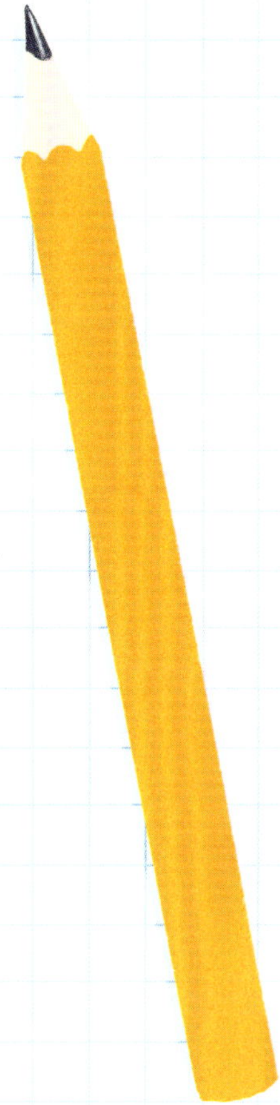

Mit wem sprichst du, wenn du traurig bist?

Was können andere tun, damit es dir wieder besser geht?

FROH

Wenn der ganze Körper kribbelt

Froh zu sein ist eins der besten Gefühle der Welt! Vielleicht kennst du das auch: Wenn du so richtig glücklich bist, fühlt es sich an, als würde dein ganzer Körper kribbeln. Ein anderes Mal ist es mehr so ein zufriedenes, warmes Gefühl.

Alles, was uns passiert, beeinflusst, wie es uns geht. So hängt alles zusammen:

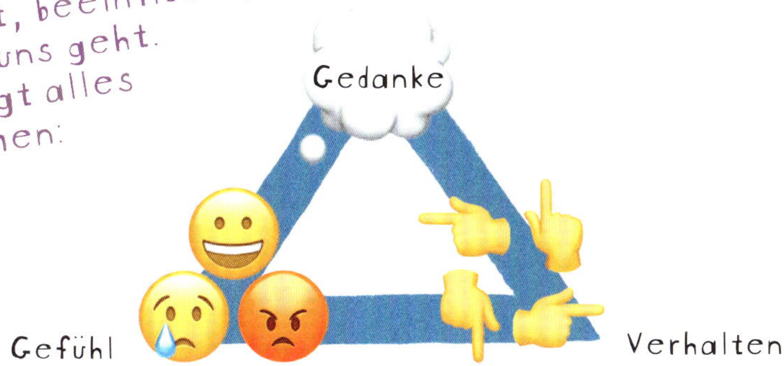

Bestimmt hast du oft gute Laune! Und dann gibt es Tage, an denen alles trostlos scheint. Hier kommen ein paar Tipps, wie aus einem langweiligen Tag ein richtig guter wird.

Mach etwas, das Spaß macht

- Lies einen Comic oder ein gutes Buch
- Lies eine lustige Geschichte
- Schau dir ein witziges Video auf YouTube an
- Geh raus und spring Seilchen, schaukle, bau eine Hütte, spring Trampolin, fahr Fahrrad oder mach eine Schnitzeljagd
- Mal ein Bild
- Spiel ein Gesellschaftsspiel

Denk an etwas Schönes

- Denk an einen schönen Ausflug mit deiner Familie
- Denk an etwas Schönes, das in der Schule passiert ist
- Überleg dir, wie dein Traumtag aussieht! Würdest du Eis zum Frühstück essen? Den ganzen Tag lang immer wieder die Wasserrutsche runterrutschen?

Tu deinem Körper etwas Gutes

- Renne, radle, hüpfe, hopse
- Leg dich in die warme Badewanne und entspann dich
- Zieh dir deine bequemsten Klamotten an
- Bitte jemanden, dich zu kraulen
- Kuschle mit deinem Haustier oder mit deinen Kuscheltieren

Was macht dich froh?

Welche Gedanken machen dich froh?

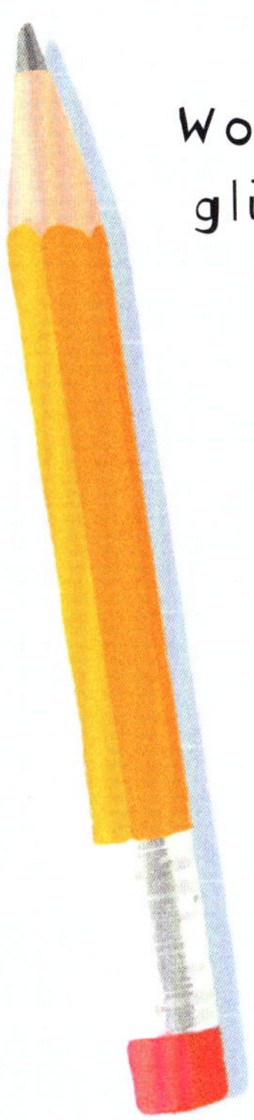

Wo im Körper spürst du, dass du glücklich bist?

Wie fühlt sich das an?

ANGST

Hör nicht auf das Monster!

Sorgen und Angst spürst du in deinen Gedanken und im Körper. Es gibt eine Menge Dinge, vor denen du dich fürchten kannst. Bei manchen weißt du eigentlich, dass sie nicht gefährlich sind, wie bei der Dunkelheit, die ins Zimmer kriecht, nachdem du abends das Licht ausgemacht hast. Du kannst aber auch vor richtig schlimmen Dingen Angst haben, zum Beispiel davor, dass jemand stirbt.

Sorge kann ein nagendes Gefühl sein, das lange dableibt, Angst kommt manchmal so plötzlich, dass es sich anfühlt, als müsstest du dich übergeben.

Das Sorgenmonster

Um die Angst in den Griff zu bekommen, kannst du dir ein Sorgenmonster auf deiner Schulter vorstellen. Das Monster flüstert dir ins Ohr, wovor du Angst haben sollst. Dabei sagt es so etwas wie *„Und wenn was Gefährliches passiert?“* oder *„Das schaffst du nicht“*.

Wenn du dir so ein Monster vorstellst, ist es einfacher, zu unterscheiden, was Sorgen sind (das, was das Monster sagt) und was wirklich wahr ist. Du wirst dann weniger Angst haben.

Stell es dir richtig vor. Wie sieht dein Monster aus? Wie heißt es? Und was sagt es zu dir? Dann kannst du entscheiden, was du antwortest. Zum Beispiel: *„Weg mit dir, ich habe nicht vor, auf dich zu hören!“*

Angstgedanken

Ein Gedanke ist nicht wahr, nur weil du ihn denkst. Du kannst alles Mögliche denken, aber das bedeutet noch lange nicht, dass es auch stimmt!

Spiel doch mal Detektiv, um herauszufinden, ob dein Gedanke wahr ist. Wenn dir ein Gedanke Angst macht, versuch, Beweise dafür zu finden, dass er wahr oder unwahr ist. Das kann zum Beispiel so aussehen:

Das Sorgenmonster sagt, es ist unheimlich, bei meiner Freundin zu übernachten.

Welche Beweise gibt es dafür, dass es WIRKLICH unheimlich ist, bei meiner Freundin zu übernachten?

- Ich habe ein komisches Gefühl.
- Ich habe schon mal versucht, dort zu übernachten, und bin total traurig geworden, weil meine Eltern nicht da waren.
- Obwohl ich weiß, dass nichts Gefährliches passieren kann, fühlt es sich unheimlich an.

Welche Beweise gibt es dafür, dass es NICHT unheimlich ist, bei meiner Freundin zu übernachten?

- Bei meiner Freundin ist es war immer schön.
- Wenn ich bei meiner Freundin übernachte, haben wir mehr Zeit, zu spielen, als wenn ich nach Hause muss.
- Obwohl ich das eine Mal so traurig war, weiß ich, dass das nicht gefährlich war, weil Traurigkeit vorbeigeht!

Was ist das Ergebnis: Ist es unheimlich, bei meiner Freundin zu übernachten?

- Na ja ... Es fühlt sich vielleicht komisch an, ohne meine Eltern dort zu übernachten, aber ich glaube, das Sorgenmonster will bloß, dass ich Angst habe. Das komische Gefühl täuscht mich.
- Es ist nicht gefährlich, schließlich ist noch nie etwas Gefährliches oder Unheimliches passiert, wenn ich bei meiner Freundin war.

Es ist eine gute Übung, sich die Angstgedanken so vorzunehmen. Meistens wird es dir dann besser gehen. Hier ist noch ein Beispiel:

Das Sorgenmonster sagt, es wird etwas Gruseliges passieren, wenn ich abends das Licht ausschalte.

Welche Beweise gibt es dafür, dass im Dunkeln WIRLICH etwas Gruseliges passiert?

- Im Dunkeln kann ich nichts erkennen, also kann ich auch nicht sehen, wenn ein böses Gespenst auftaucht.
- Ich habe ein komisches Gefühl.
- In Filmen passiert manchmal etwas Gruseliges, wenn es dunkel ist.

Welche Beweise gibt es dafür, dass NICHTS Gruseliges passiert, wenn es dunkel ist?

- Es ist jede Nacht dunkel, wenn ich schlafe, und es ist noch nie etwas Gruseliges passiert. Weshalb sollte heute etwas passieren?
- Ich kenne niemanden, dem schon mal etwas Gruseliges in seinem dunklen Schlafzimmer passiert ist.
- In meinem Zimmer ist im Dunkeln alles genau so wie im Hellen.

Was ist das Ergebnis: Wird etwas Gruseliges passieren, wenn ich das Licht ausmache?

- Nein. Vielleicht habe ich ein komisches Gefühl, aber das bedeutet nicht, dass auch wirklich was passiert.
- Was in Filmen passiert, ist doch erfunden!
- Es ist noch nie etwas Gruseliges in meinem dunklen Zimmer passiert, also wird auch heute nichts passieren.

Manchmal machst du dir aber auch Sorgen um Dinge, die wirklich passieren können. Dann hilft es nicht genauso gut, zu überlegen, was für und was gegen die Angst spricht. Wenn dir etwas wirklich Angst macht, ist es sehr wichtig, mit jemandem darüber zu sprechen. Es ist nämlich nicht gesund, alles mit sich selbst auszumachen.

Gut zu wissen: Du kannst niemals gleichzeitig ängstlich und entspannt sein. Das ist unmöglich. Überleg deshalb, wie du dich entspannen kannst, wenn du dir Sorgen machst. Denn wenn du entspannt bist, ist es leichter, das Sorgenmonster in den Griff zu bekommen und ihm zu sagen, dass es die Klappe halten soll.

Wovor hast du Angst?

Was ist eigentlich gar nicht gefährlich – und trotzdem sagt das Sorgenmonster, dass du Angst davor haben sollst?

Was hilft dir, dich zu entspannen?

SCHAM

Wenn du einfach nur verschwinden willst

Wenn du dich für etwas schämst, ist das ein richtig doofes Gefühl. Meistens zeigt es dir, dass du etwas falsch gemacht hast. Vielleicht hast du etwas Gemeines gesagt, etwas kaputt gemacht, etwas genommen, das dir nicht gehört, oder etwas anderes Dummes getan.

Es kann aber auch sein, dass du dich für dich selbst schämst. Dann ist dir etwas peinlich, zum Beispiel, wenn andere dich für etwas auslachen. Dieses Gefühl kann so unangenehm sein, dass du bestimmte Sachen gar nicht mehr machst, weil du Angst hast, wieder ausgelacht zu werden.

Scham merkst du oft körperlich. Dein Herz schlägt plötzlich richtig schnell, dir wird heiß und dein Gesicht rot. Am liebsten würdest du verschwinden, dich irgendwo verstecken. Scham führt dazu, dass du schlecht über dich selbst denkst. Du findest dich komisch, falsch oder dumm.

Kann es gut sein, sich zu schämen?

Sich zu schämen ist immer unangenehm. Aber bei einer Sache hilft dir dieses Gefühl: dabei, zu erkennen, dass du etwas falsch gemacht hast.

Jeder macht mal einen Fehler oder sagt etwas Dummes. Wenn du eine Freundin traurig machst und dich hinterher dafür schämst, zeigt dir das, dass du etwas gelernt hast. Sich zu schämen, ist so unangenehm, dass man das nicht noch einmal erleben will. Und das ist gut so!

Das Beste, was du gegen das Gefühl tun kannst, ist, dich zu entschuldigen. Das ist ein Zeichen von Mut und Stärke. Wenn du dich entschuldigt hast, wirst du deshalb nach einer Weile stolz auf dich sein.

Wann etwas einfach nur peinlich ist

Manchmal schämst du dich für etwas, für das du dich absolut nicht schämen solltest, zum Beispiel, wenn dich jemand auslacht, weil du in der Schule eine Frage falsch beantwortest. Vielleicht traust du dich beim nächsten Mal deshalb nicht mehr, dich zu melden. Dabei ist es nicht schlimm, etwas nicht zu wissen – du warst zu niemandem fies, und niemand wird traurig, weil du falsch geantwortet hast!

Auch wenn jemand über deine Klamotten lacht, darüber, dass du beim Sport etwas nicht kannst oder dir der Teller in der Mensa runterfällt, ist das nichts, wofür du dich schämen musst. Im Gegenteil, derjenige, der über einen Fehler lacht, sollte sich schämen!

Wenn so etwas häufig vorkommt oder wenn du Situationen vermeidest, weil du Angst hast, dich zu blamieren, solltest du einem Erwachsenen davon erzählen. Denn so sollst du dich nicht fühlen müssen.

Erinnerst du dich an eine Situation, in der du etwas falsch gemacht und dich sehr geschämt hast?

Was hast du dann getan?
Wie ging es dir hinterher?

Gibt es etwas, das du vermeidest, weil du Angst hast, dich zu blamieren?

UNGERECHTIGKEIT

Das ist echt nicht fair!

Dass etwas ungerecht ist, bedeutet, dass nicht alle Bedürfnisse gleich beachtet oder nicht alle Menschen gleich behandelt werden. Die Lehrerin schimpft zum Beispiel mit dir und sagt, dass du aufhören sollst, zu quatschen, obwohl eigentlich dein Banknachbar gestört hat. Auch wenn deine beste Freundin viel länger am Computer spielen darf als du, kann sich das ungerecht anfühlen.

Wenn du etwas ungerecht findest, ist es eine gute Idee, die Erwachsenen darauf anzusprechen. Du kannst warten, bis du mit deiner Lehrerin allein bist, und ihr dann erzählen, wie es wirklich war: „Ich hab gar nicht gequatscht, und deshalb fühlt es sich ungerecht an, dass Sie mit mir geschimpft haben."

Ungerechtigkeit kann sehr wütend machen. Dann passiert es leicht, dass du laut wirst, und das macht die Erwachsenen wütend. Und schon fühlt es sich alles noch ungerechter an, obwohl du weißt, dass es klüger gewesen wäre, ruhig miteinander zu reden.

Wenn sich etwas ungerecht anfühlt, das gar nicht ungerecht ist

Manchmal fühlt sich etwas ungerecht an, obwohl es das gar nicht ist. Stell dir vor, deine Eltern helfen deiner kleinen Schwester dabei, ihr Zimmer aufzuräumen, und dir nicht. Du weißt zwar, dass das daran liegt, dass deine Schwester noch klein ist und noch nicht so gut aufräumen kann wie du, aber es fühlt sich trotzdem ungerecht an.

Wenn du dich oft ungerecht behandelt fühlst, obwohl das gar nicht so ist, denk mal darüber nach, warum du dich so fühlst. Macht dich vielleicht etwas anderes traurig oder wütend?

Ungerechtigkeiten wird es in deinem Leben immer geben. Das kann etwas Großes sein – dass du zum Beispiel die Schuld für etwas bekommst, das du gar nicht getan hast. Und es können auch kleinere Sachen sein – dass dein Bruder keine Hausaufgaben aufhat, während du noch Mathe machen musst. Versuch, dich um solche kleinen Ungerechtigkeiten nicht zu kümmern. Wenn du dich nämlich über alles ärgerst, was auch nur ein kleines bisschen ungerecht ist, bist du am Ende völlig erschöpft! Ab und zu solltest du einfach mit den Achseln zucken und sagen:

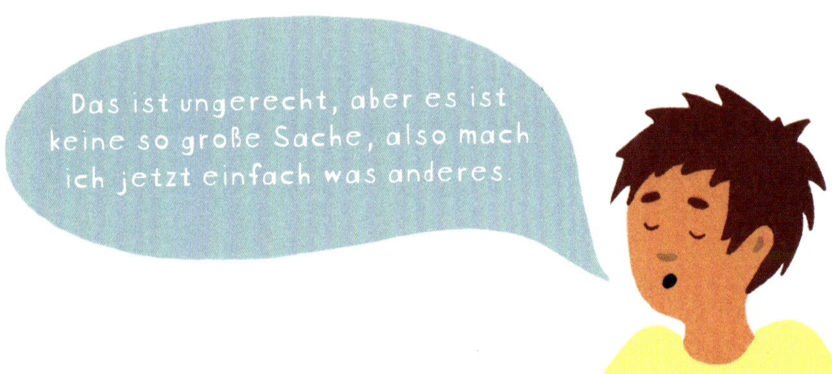

Gegen große Ungerechtigkeiten zu protestieren, ist dagegen wichtig – dann, wenn etwas ungerecht ist, das für dich eine große Rolle spielt.

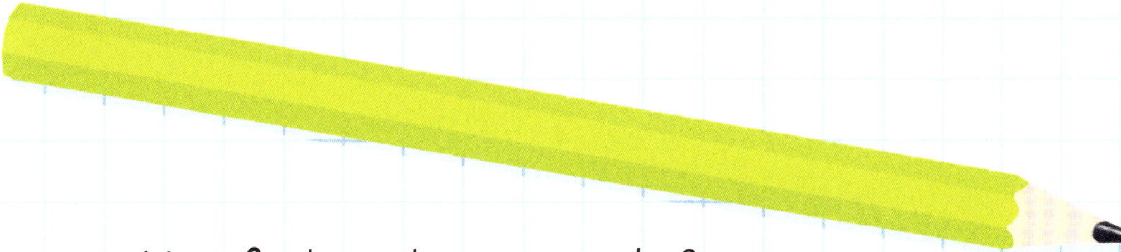

Was findest du ungerecht?

Fällt es dir leicht oder schwer, jemandem zu sagen, dass er oder sie ungerecht zu dir ist?

Hast du schon mal jemanden ungerecht behandelt?

ZU HAUSE

Dein Zuhause sollte ein Ort sein, an dem du dich wohlfühlst. Dort ruhst du dich nach einem langen Schultag aus. Dort ist auch deine Familie, und das sind einige der wichtigsten Personen in deinem Leben. Den meisten Kindern geht es zu Hause gut. Klar gibt es auch mal Streit, aber der hält nicht lange an.

Etwas mit der Familie zu unternehmen, macht Spaß, egal ob es ein Ausflug in den Wald ist, ihr zusammen einen Film schaut oder gemeinsam kocht. Manchmal ist es sogar richtig schön, einfach nur nebeneinander zu sitzen, während jeder etwas anderes macht.

Wenn es zu Hause nicht mehr schön ist

Trotzdem kann es zu Hause auch schon mal schwierig sein. Zum Beispiel, wenn du dich richtig schlimm mit deinen Eltern oder Geschwistern streitest oder wenn andere aus der Familie Streit haben. Manche Familien haben nicht viel Geld, oder ein Familienmitglied ist krank. Dann bist du wütend, machst dir Sorgen oder fühlst dich traurig.

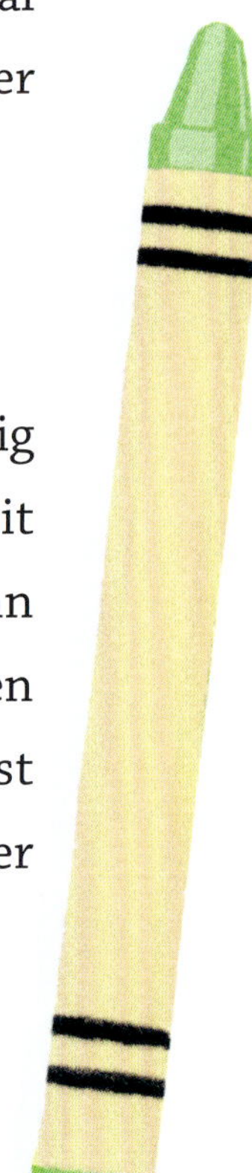

Meistens geben sich die Eltern viel Mühe, damit alles wieder besser wird. Aber manchmal schaffen sie das nicht allein. Dann braucht ihr Hilfe. Du kannst zum Beispiel einen Lehrer oder eine Schulsozialarbeiterin ansprechen. Dass du einem Fremden von den Problemen zu Hause erzählst, bedeutet nicht, dass du findest, dass deine Eltern nicht gut für dich sorgen. Es gibt einfach Dinge, die man nicht so leicht selbst lösen kann. Dann hilft es sehr, mit jemandem zu reden, der sich mit solchen Problemen auskennt.

Manchmal sind aber die Eltern selbst das Problem. Dann können sie dir natürlich nicht helfen, und es ist sehr wichtig, dass du mit einem anderen Erwachsenen,

dem du vertraust, sprichst. Das kann sich anfühlen, als ob du deine Eltern verrätst. Dabei ist es so:

Du bist wichtig. Du hast ein Recht darauf, dass es dir gut geht und dass man sich zu Hause um dich kümmert.

Verschiedene Familienformen

Wenn du das Wort *Familie* hörst, denkst du vielleicht an Mutter, Vater und zwei Kinder, die zusammenwohnen. Viele Familien sehen genau so aus. Aber es gibt viele verschiedene Familienformen. Vielleicht wohnen deine Eltern nicht zusammen, du hast zwei Mütter oder zwei Väter, keine Geschwister, oder es gibt weitere Erwachsene, die für dich dazuzählen. Du entscheidest nämlich, wer zu deiner Familie gehört!

Was machst du gern, wenn du zu Hause bist?

Was unternimmst du am liebsten mit deiner Familie?

Was würdest du gern mal mit deiner Familie ausprobieren?

Wen kannst du fragen, ob ihr diese neue Sache ausprobiert?

SCHULE

Du gehst zur Schule, um etwas zu lernen: Mathe, Werken oder Deutsch. Aber eigentlich lernst du noch viel mehr. Zu warten, bis du dran bist, zum Beispiel, oder mit anderen zusammenzuarbeiten.

Unterricht

Je nachdem, welches Fach gerade dran ist und welcher Lehrer oder welche Lehrerin unterrichtet, wird im Unterricht etwas anderes von dir verlangt. Manchmal sollst du reden und manchmal leise sein und für dich arbeiten. Still zu sitzen und sich auf eine Aufgabe oder auf die Lehrerin zu konzentrieren, ist nicht immer einfach. Hier sind ein paar Tricks, die dir helfen können. Frag am besten deine Lehrerinnen und Lehrer, ob du sie ausprobieren darfst.

Was du tun kannst:

- Arbeite mal im Sitzen und mal im Stehen
- Frag deine Eltern, ob du ein spezielles Sitzkissen bekommen kannst, mit dem du bequemer auf dem Stuhl sitzt
- Knete einen Stressball in der Hand
- Mach kurze Pausen und beweg dich: Du kannst zum Beispiel ein paar Mal auf der Stelle hüpfen

Die Lehrerinnen und Lehrer um Hilfe bitten

Es ist nicht immer leicht, sich zu melden und nachzufragen. Es fühlt sich nämlich manchmal so an, als hättest nur du nicht verstanden, was ihr machen sollt. Dabei ist es total mutig, um Hilfe zu bitten. Wenn du das trotzdem zu schwierig findest, kannst du deine Eltern bitten, mit deiner Lehrerin zu reden. Dann kann sie demnächst regelmäßig fragen, ob du alles verstanden hast. Nach und nach wird es dir sicher leichterfallen, selbst um Hilfe zu bitten.

Wenn dir ein bestimmtes Fach schwerfällt, sprich mit deinen Eltern und vielleicht auch mit dem Lehrer darüber. Bestimmt haben die Erwachsenen gute Ideen, wie sie dir helfen können. Zum Beispiel könnte dein Lehrer dir die Aufgaben noch einmal allein erklären, oder du darfst in einem anderen Raum arbeiten, wo

dich niemand stört. Manchmal gibt es auch die Möglichkeit, in eine Fördergruppe zu kommen. Wenn du bei etwas Hilfe brauchst, ist das nichts, wofür du dich schämen musst – jeder kann irgendetwas nicht so gut.

Pausen

Es fällt uns leichter, Neues zu lernen, wenn sich das Gehirn zwischendurch ausruhen und der Körper sich bewegen darf. Deshalb sind Pausen so wichtig. In der Schulpause kannst du mit deinen Freundinnen und Freunden spielen, und das macht richtig Spaß! Ihr könnt Seil springen, Fußball spielen oder euch ein eigenes Spiel ausdenken.

Wenn du in der Pause einsam bist und nicht weißt, was du machen sollst, schau erst mal, ob du nicht doch jemanden zum Spielen findest. Falls das nicht klappt, kannst du dich mit der Pausenaufsicht unterhalten.

Auch wenn es Streit gibt, solltest du unbedingt einen Erwachsenen dazuholen.

Du kannst auch anderen helfen: Wenn du mit deinen Freunden spielst und merkst, dass ein anderes Kind allein herumsteht, frag doch einfach, ob es mitmachen will! Stell dir einfach vor, es wäre andersrum: Wenn du allein wärst, würdest du dich bestimmt freuen, wenn dich jemand einlädt, mitzumachen, oder?

Lehrerinnen und Lehrer

Wer Lehrer oder Lehrerin wird, hat sich den Beruf ausgesucht, weil er oder sie mit Kindern arbeiten will und es toll findet, ihnen etwas beizubringen. Es ist aber wie überall: Den einen Lehrer magst du sehr, mit der anderen Lehrerin verstehst du dich nicht so gut. Trotzdem sind Lehrerinnen und Lehrer wichtige Menschen in deinem Leben, schließlich verbringst du jeden Tag viele Stunden mit ihnen.

Wenn du das Gefühl hast, dass dein Lehrer dir nicht genügend hilft oder dich ungerecht behandelt, sprich mit deinen Eltern darüber. Ihr könnt dann gemeinsam mit ihm reden. So ein Verhalten hat nämlich nichts damit zu tun, dass der Lehrer dich nicht mag, sondern meistens nur damit, dass er selbst gestresst ist und zum Beispiel gar nicht mitbekommen hat, dass er sich mehr um dich kümmern muss.

Was gefällt dir an der Schule am besten?

Wobei brauchst du Hilfe?

Wen kannst du in der Schule
um Hilfe bitten?

FREIZEIT

Freizeit ist die Zeit, in der du nicht zur Schule gehst und in der du deshalb eher selbst entscheiden kannst, was du machen möchtest. Dazu zählt die Zeit, die du in der Betreuung bist, und die, die du zu Hause oder bei einem Hobby verbringst. In deiner Freizeit schöne Sachen zu machen, tut dir gut und hilft dir sogar dabei, besser in der Schule zu sein. Aber pass auf, dass es nicht zu viele Aktivitäten werden! Wenn du dir zu viel vornimmst, kann sich das stressig anfühlen, obwohl dir eigentlich jedes Hobby für sich genommen Spaß macht. Es ist wichtig, dass du dich auch mal ausruhst.

Nachmittagsbetreuung

Nach der Schule gehen viele Kinder in die Nachmittagsbetreuung. Meistens findet die Betreuung an oder in der Nähe der Schule statt, und du gehst zusammen mit deinen Freundinnen und Freunden hin. Dort macht ihr eure Hausaufgaben, könnt aber auch spielen oder basteln. Die Betreuung ist ein guter Ort, um neue Freundschaften zu schließen, weil du dort Kinder aus anderen Klassen triffst. Außerdem sind immer Erwachsene da, die gute Ideen haben, was ihr machen könnt, und aufpassen, dass es allen gut geht.

Hobbys

Theater spielen, Geige lernen, Fußball oder Computer spielen sind ein paar von den Dingen, die Kinder in ihrer Freizeit machen. Manche machen eine Sache besonders gern und verbringen viel Zeit damit. Andere probieren viele verschiedene Sachen aus, zu Hause oder mit Freundinnen und Freunden. Egal, ob du deine

Freizeit zu Hause, in einem Sportverein oder in der Musikschule verbringst, das Wichtigste ist, dass es dir Spaß macht. Super ist es, wenn du dich traust, etwas Neues auszuprobieren. Dann findest du vielleicht etwas, das du richtig cool findest – oder du merkst, dass das Neue doch nicht so toll ist. Auf jeden Fall hast du es aber mal ausprobiert.

Sich ausruhen und neue Kräfte sammeln

Es macht total viel Spaß, coole Sachen zu machen. Trotzdem darfst du dir nicht zu viel vornehmen. Freizeit ist nämlich nicht dazu da, gestresst von einem Hobby zum nächsten zu hetzen. Ruhige Sachen zu Hause machen auch viel Spaß, zum Beispiel lesen, einen Film gucken oder basteln.

Was machst du gern in deiner Freizeit?

Was würdest du gern mal ausprobieren?

Was machst du, um dich auszuruhen?

FREUNDSCHAFT

Es gibt Kinder, die gern viele Freunde und Freundinnen haben, während andere nur ein paar richtig gute brauchen. Das Wichtigste ist, dass du dich auf deine Freunde verlassen kannst!

Du freundest dich mit jemandem an, weil ihr zufällig in dieselbe Klasse geht, weil ihr dieselben Interessen habt oder weil ihr nebeneinander wohnt. Wenn du Zeit mit einem Freund oder einer Freundin verbringst, geht es dir gut, und du bist glücklich.

Wenn es Streit gibt

Auch wenn man sich mag, streitet man sich ab und zu. Das ist ganz normal. Ein kleiner Streit kann sogar etwas Gutes sein! Dabei kannst du nämlich üben, zu sagen, was du denkst, und jemandem zu widersprechen. Prügeln dürft ihr euch natürlich nicht und auch keine schlimmen Sachen zueinander sagen. Es ist wichtig, dass ihr das, worüber ihr gestritten habt, am Ende klärt und dass du dich entschuldigst, falls du etwas Gemeines gesagt oder getan hast. So lernst du, dass es

gar nicht immer schlimm sein muss, sich zu streiten. Ein Streit kann sogar dazu führen, dass ihr euch noch besser kennenlernt und eure Freundschaft enger wird.

Wenn du allerdings eine Freundin hast, die oft fies zu dir ist oder Sachen tut, die dich traurig machen, solltest du dich eine Weile nicht mehr mit ihr treffen. Mach lieber was mit jemand anderem! Wenn deine Freundin fragt, erklärst du ihr, warum das so ist.

Warst du selbst gemein zu einem Freund, ist das eine super Gelegenheit, das Entschuldigen zu üben. Am besten ist es, wenn du es schaffst, dich direkt zu entschuldigen, aber das ist oft schwierig. Du kannst auch einen Zettel schreiben oder eine Chatnachricht, in der steht, dass du gemein warst und dich entschuldigen willst.
Womöglich habt ihr euch so sehr gestritten, dass es schwierig ist, sich wieder zu vertragen. Bitte einen Erwachsenen, dir zu helfen.

Neue Freundinnen und Freunde

Nicht jedes Kind hat so viele Freundinnen und Freunde, wie es sich wünscht. Wenn das bei dir so ist, versuch, neue zu finden! Du kannst zum Beispiel einen Jungen aus deiner oder aus der Parallelklasse ansprechen, mit dem du noch nicht gesprochen hast. Vielleicht wird er dein neuer Freund! Oder du suchst dir ein neues Hobby und schaust, ob es dort jemanden gibt, den du magst. Dann habt ihr auf jeden Fall schon ein gemeinsames Interesse. Wenn du dich traust, jemand Neues anzusprechen, findest du manchmal die allerbeste Freundin, obwohl du anfangs dachtest, dass ihr nichts gemeinsam habt.

Mobbing

Mobbing bedeutet, dass andere gemein zu dir sind, und zwar nicht nur einmal. Zum Beispiel lacht dich jemand aus, sagt etwas Blödes zu dir oder schreibt etwas Gemeines in den sozialen Medien. Manchmal wird auch geschubst oder geprügelt. Auch wenn du nie mitspielen darfst oder andere hinter deinem Rücken tuscheln, ist das Mobbing.

Wenn du gemobbt wirst, musst du immer Hilfe bei einem Erwachsenen suchen. Sprich mit deinen Eltern, einer Lehrerin oder einem Schulsozialarbeiter. Manchmal drohen die Mobber damit, dass sie sich rächen, wenn du sie verrätst. Aber du machst nichts falsch, wenn du dir Hilfe holst. Es sind immer die Mobber, die im Unrecht sind.

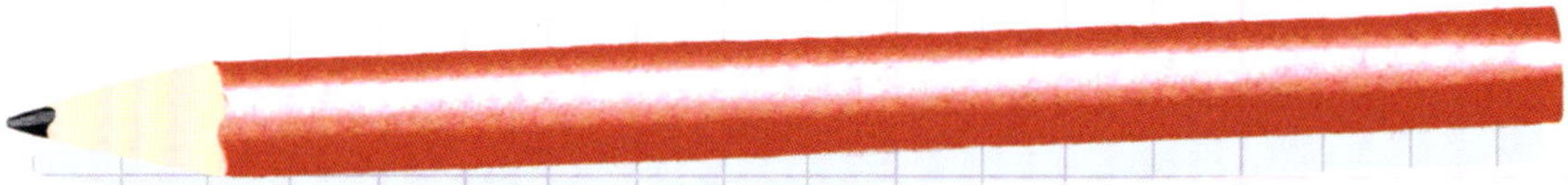

Was ist dir bei einem Freund oder einer Freundin am wichtigsten?

Was macht dich zu einem guten Freund oder zu einer guten Freundin?

Schreib ein paar Namen von Kindern auf, die du noch nicht so gut kennst, die aber vielleicht neue Freundinnen oder Freunde werden könnten!

SCHLAF

Jeder Mensch muss schlafen, damit sich Gehirn und Körper ausruhen können. Wenn sich dein Gehirn gut erholt, ist es am nächsten Tag fitter, und das Lernen fällt dir leichter. Das Gleiche gilt für den Körper: Wenn er nachts genügend Ruhe bekommt, kann er mehr leisten. Schlaf macht uns gesund und stark.

Du als Kind brauchst jede Nacht zehn bis elf Stunden Schlaf, damit es dir gut geht. Wenn du krank bist oder viel Sport gemacht hast, sogar noch mehr. Nur wenn du richtig faul warst, reicht auch mal weniger Schlaf.

Besser einschlafen

Um einschlafen zu können, müssen sowohl dein Kopf als auch dein Körper entspannt sein. Am besten machst du schon mindestens eine Stunde, bevor du ins Bett gehst, nur noch ruhige Sachen.

Hier sind ein paar Tipps für dich:

- Lies ein Buch, schreib ein Märchen, bastle etwas oder unterhalte dich mit jemandem
- Vermeide alles, was dich stresst oder was dein Gehirn aktiviert. Häng also nicht am Handy rum, mach keine Hausaufgaben mehr und spiel nicht am Computer
- Sprich mit deinen Eltern über deine Sorgen, falls du Angstgedanken hast
- Nimm ein warmes Bad, bitte jemanden, dich zu massieren, oder zieh dir etwas Bequemes an

Entspannungsübungen

Du kannst auch ein paar Entspannungsübungen ausprobieren.

Leg dich auf den Rücken.
Leg eine Hand auf deinen Bauch.
Atme ein und spüre, wie sich dein Bauch mit Luft füllt. Halt die Luft an und zähl langsam bis drei.
Atme langsam aus und spüre, wie dein Bauch flach wird.
Wiederhol die Übung fünf Mal.

Leg dich auf den Boden, aufs Sofa oder ins Bett.
Spann alle deine Muskeln an, von den Zehen und Beinen über den Bauch, von den Schultern bis zum Gesicht. Halt die Spannung und zähl bis fünf.
Entspann die Muskeln.
Spann den Körper noch fünf Mal an.

Du kannst die verschiedenen Körperteile auch nacheinander anspannen.

Beginne oben. Drück den Kopf gegen den Boden, halt die Spannung, zähl bis fünf und entspann dich dann.

Zieh dein Gesicht in Falten, halt die Spannung, zähl bis fünf und entspann dich dann.

Zieh die Schultern zu den Ohren hoch, halt die Spannung, zähl bis fünf und entspann dich dann.

Spann die Arme und Hände an, halt die Spannung, zähl bis fünf und entspann dich dann.

Drück den Po gegen den Boden, halt die Spannung, zähl bis fünf und entspann dich dann.

Spann die Beine an, halt die Spannung, zähl bis fünf und entspann dich dann.

Spann die Füße an, halt die Spannung, zähl bis fünf und entspann dich dann.

Spann deinen ganzen Körper, von den Zehen bis zum Kopf, an, halt die Spannung, zähl bis fünf und entspann dich dann voll und ganz.

Albträume und andere Schlafprobleme

Es ist ziemlich normal, dass du nicht immer perfekt schläfst. Ob du gut oder schlecht schläfst, ist oft Zufall und nichts, worüber du dir Sorgen machen musst. Manchmal kannst du nicht einschlafen, und ab und zu hast du Albträume. Manchmal wirst du auch früher wach, als du willst.

Wenn du dich vor dem Schlafengehen nicht genug entspannt hast, kann das deinen Schlaf beeinflussen. Auch wenn tagsüber etwas Doofes passiert ist, kann das deinen Schlaf verändern. Oder etwas macht dir Sorgen, und du bekommst deshalb Albträume. Wenn du mehrere Nächte hintereinander schlecht schläfst, überleg mal, ob etwas passiert ist, das dich traurig macht oder vor dem du Angst hast. Wenn du dir Hilfe bei einem Erwachsenen holst, schläfst du sicher bald wieder besser.

Wie bereitest du dich aufs Schlafengehen vor?

Was hilft dir, um vor dem Einschlafen zu entspannen?

Fällt dir noch etwas anderes ein, was du zur Entspannung mal ausprobieren möchtest? Du könntest zum Beispiel ein Hörbuch hören, jemanden bitten, dich zu massieren, oder ein Bad nehmen.

HILFE!

So bringst du die Erwachsenen dazu, dir zuzuhören

Alle Kinder brauchen ab und zu Hilfe von einem Erwachsenen. Manchmal geht es dabei um etwas Kleines, zum Beispiel um eine Matheaufgabe, die du allein nicht gelöst bekommst. Manchmal handelt es sich aber auch um ein größeres Problem, zum Beispiel, dass dich jemand ärgert.

Im Idealfall merken die Erwachsenen, dass du ihre Hilfe brauchst, aber es kommt auch vor, dass du sie darum bitten musst.

Hilfe bei Problemen in der Schule

Überleg mal: Deine Lehrerinnen und Lehrer und alle anderen Erwachsenen in der Schule sind dafür da, dir zu helfen! Wenn du etwas nicht verstehst, sag das. Dein Lehrer will ja, dass du den Unterrichtsstoff lernst! Auch wenn jemand fies zu dir ist, erzähl einer Lehrerin, dem Nachmittagsbetreuer oder einem anderen Erwachsenen davon.

Manchmal geht es gar nicht um dich, sondern du willst etwas verändern, wovon alle Kinder etwas haben. Noch hat nicht jede Grundschule so etwas wie einen Klassenrat oder ein Schülerparlament, wo Schülerinnen und Schüler sagen können, was sie an der Schule gut finden und was sie anders machen wollen. Wenn es bei euch keinen Klassenrat gibt, frag doch mal deine Klassenlehrerin, ob ihr einen einrichten könnt!

Hilfe bei Problemen zu Hause

In allen Familien gibt es mal Streit. Es ist normal, dass man nicht immer einer Meinung ist, und die meisten Streitigkeiten lassen sich schnell klären.

Nicht in Ordnung ist es allerdings, wenn jemand so wütend wird, dass du Angst vor ihm oder ihr bekommst. Wenn so etwas bei dir zu Hause passiert und du merkst, dass du das Problem nicht mit deinen Eltern lösen kannst, ist es wichtig, dass du dir anderswo Hilfe suchst. Erzähl zum Beispiel einer Lehrerin, deinem Onkel oder den Eltern deiner Freundin, was passiert ist.

Es ist manchmal ganz schön schwer, etwas Schlimmes zu erzählen. Dann kann es helfen, aufzuschreiben, wobei du Hilfe brauchst.

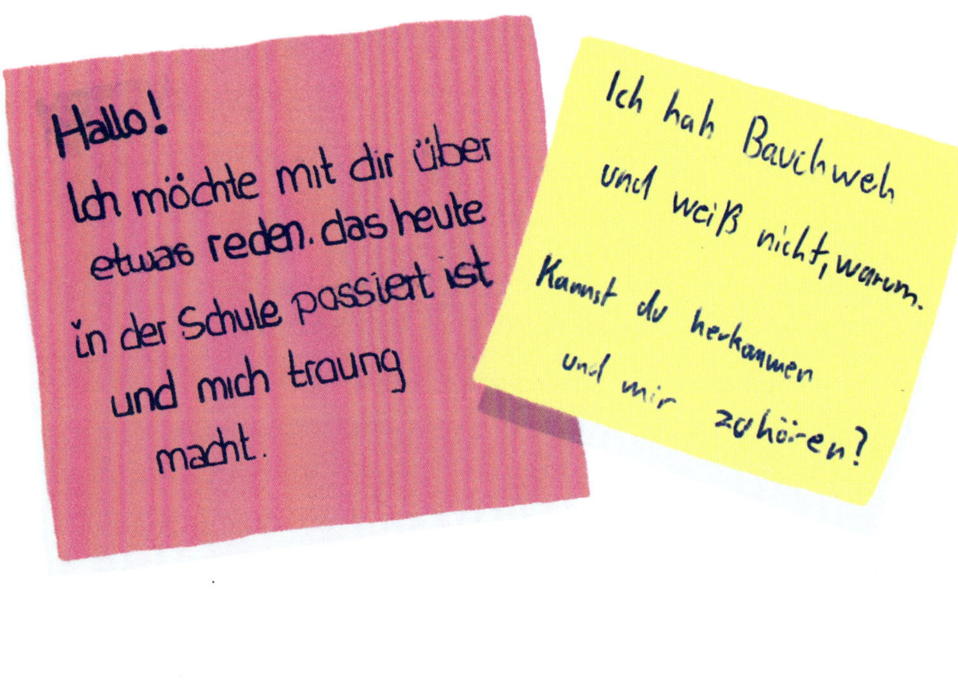

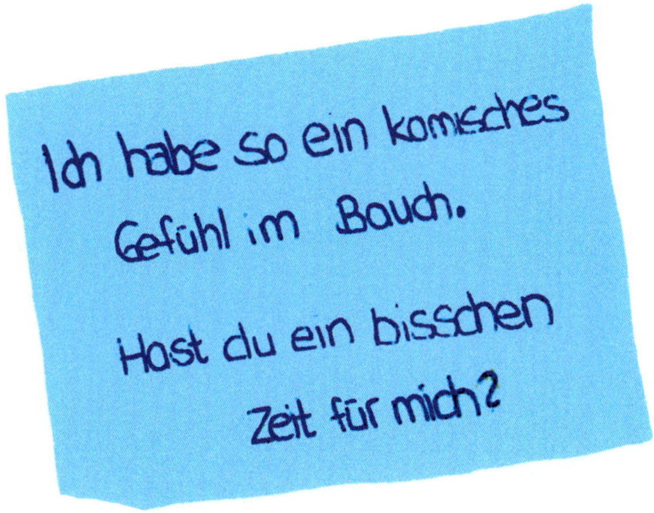

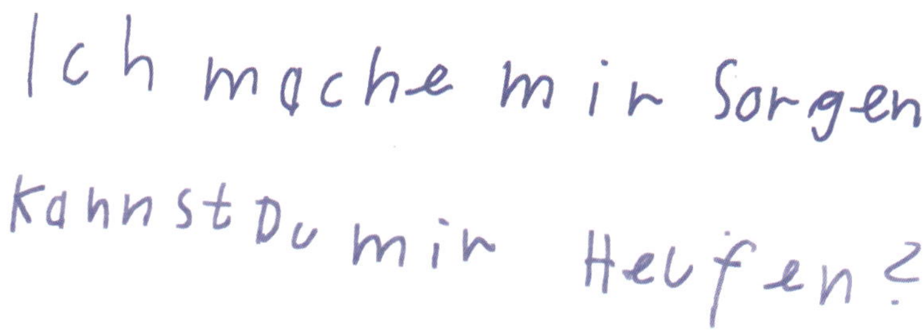

Es gibt Gesetze, in denen steht, dass Erwachsene Kindern helfen müssen. Es ist dein Recht, Hilfe von Erwachsenen zu bekommen – von deinen Eltern, den Erwachsenen in der Schule und bei deinen Freizeitaktivitäten. Und du kannst mir glauben, dass sich immer jemand findet, der oder die dir hilft, wenn es dir nicht gut geht.

Kinderrechtskonvention der Vereinten Nationen

Vor vielen Jahren haben die Vereinten Nationen eine Menge Regeln zu den Rechten der Kinder gesammelt und daraus die sogenannte Kinderrechtskonvention formuliert. Darin steht unter anderem:

- Alle Kinder haben dieselben Rechte und sind gleich viel wert
- Die Erwachsenen sollen immer daran denken, was das Beste für die Kinder ist, wenn sie etwas entscheiden
- Jedes Kind hat das Recht, ein gutes Leben zu leben
- Kinder haben das Recht, ihre Meinung zu sagen, und die Erwachsenen müssen ihnen zuhören

Du hast ein Recht darauf, dass es dir gut geht, und die Erwachsenen müssen dir zuhören!

Kreise die Erwachsenen ein,
denen du vertraust und mit denen du reden kannst.

Mama Papa Schwester Bruder

Stiefeltern Stiefbruder Stiefschwester

Cousin Cousine Oma Opa

Tante Onkel Lehrer / Lehrerin

Trainer / Trainerin Eltern von ...

Nachmittagsbetreuung Nachbarn

Schulsozialarbeiter / Schulsozialarbeiterin

Schulpsychologe / Schulpsychologin

Klassenlehrer / Klassenlehrerin

Schulbibliothekar / Schulbibliothekarin

Rektor / Rektorin

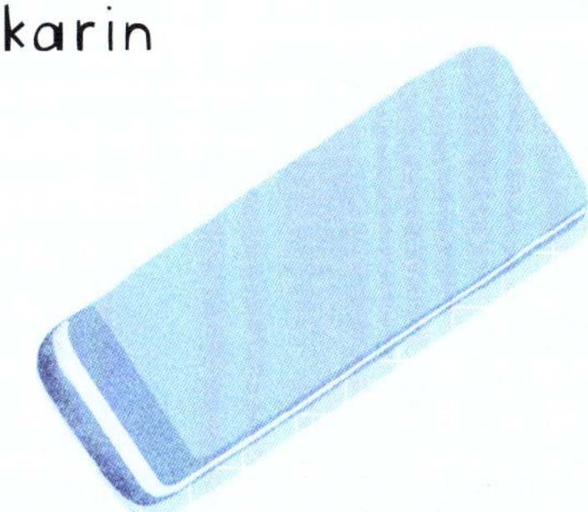

NACH DEM LESEN

Glückwunsch, du hast ein ganzes Buch über Gefühle gelesen! Hast du dabei etwas Neues über dich gelernt? Es kann sein, dass deine Probleme viel größer sind als die, die im Buch vorkommen. Das ist zum Beispiel der Fall, wenn deine Eltern nicht gut für dich sorgen. Dann ist es natürlich schwierig, ausgerechnet mit ihnen zu reden, und du solltest besser jemandem außerhalb der Familie von deinen Problemem erzählen.

Eins darfst du nie vergessen: Du bist am wichtigsten. Dass es dir gut geht und du dich sicher fühlst, ist das Einzige, was zählt. Deshalb ist es so wichtig, dass du dich jemandem anvertraust. Vielleicht brauchen auch deine Eltern Hilfe, und die können sie nur bekommen, wenn ein anderer Erwachsener erfährt, was bei euch zu Hause los ist.

Manchmal fühlt es sich vielleicht so an, als wäre ein Problem so groß und unlösbar, dass dir niemand helfen kann. Aber das stimmt nicht. Ich habe schon viele, viele Kinder kennengelernt, in deren Leben etwas richtig schwierig war, und ich weiß, dass man immer etwas tun kann, damit es besser wird. Ich weiß auch, dass es mindestens eine Person in deiner Umgebung gibt, der du wichtig bist und die dir helfen wird.

Ab Seite 84 kannst du nachlesen, wo du weitere Informationen findest.

Es gibt dort auch Telefonnummern, unter denen dir jemand direkt weiterhilft.

AN DIE ERWACHSENEN

In diesem Buch lernen Kinder mehr über Gefühle. Ein Kind im Grundschulalter kann es allein lesen, aber damit es möglichst viel daraus mitnimmt, empfehle ich, dass Sie sich das Buch zusammen mit Ihrem Kind anschauen. Wenn Sie gemeinsam lesen, können Sie Beispiele aus Ihrem eigenen Leben einbringen, denn dann fällt auch dem Kind eher ein, welchen Themen es selbst schon begegnet ist. Natürlich können Sie es auch an Ereignisse erinnern, wenn Sie das Gefühl haben, dass das Kind ein Gefühl bereits erfahren hat.

Beispiele aus Ihrem eigenen Leben helfen Ihrem Kind außerdem, festzustellen, dass manche Erlebnisse oder Gefühle gar nicht so schlimm sind, wie es gedacht hat. Es lernt, dass es nicht peinlich oder unangenehm sein muss, über schwierige Dinge zu reden.

Beim gemeinsamen Lesen und Sprechen über Gefühle stoßen Sie oft auf weitere Themen, sodass sich

ein tiefes Gespräch entwickelt. Das ist immer gut – vielleicht erfahren Sie so mehr über Erlebnisse, die Ihr Kind geprägt haben.

Indem Sie mit Ihrem Kind über schwierige Situationen und Gefühle sprechen, helfen Sie ihm, Ballast loszuwerden. Das Kind verschwendet dann nicht mehr so viel Zeit und Kraft darauf, mit belastenden Gedanken und Gefühlen umzugehen, sondern kann sich auf andere wichtige Dinge in seinem Leben konzentrieren: Freundschaften, seine Interessen, die Schule und was ihm darüber hinaus etwas bedeutet.

Es ist normal, dass Kinder nicht unbedingt über die Dinge reden wollen, die sie belasten – das geht uns Erwachsenen ja nicht anders. Es ist ein ziemlicher Balanceakt, einerseits nicht zu viel Druck auszuüben und andererseits immer wieder nachzufragen, damit das Kind merkt, dass Sie keine Angst vor diesen Dingen haben und sich wünschen, dass es sich Ihnen anvertraut. So zeigen Sie, dass Sie sich gern um das kümmern möchten, was das Kind belastet.

Ein Balanceakt ist es auch, Ihrem Kind zu vermitteln, dass man unangenehme Gefühle manchmal aushalten muss. Ihre Aufgabe ist es, den Moment zu erkennen, in dem Sie eingreifen und Ihr Kind unterstützen müssen. Einerseits sollten Sie also vermitteln, dass schwierige Gefühle kommen und gehen und ein Teil des Lebens sind, andererseits muss es aber wissen, dass Sie ihm immer zur Seite stehen. Versuchen Sie, Ihr Kind zur Selbstständigkeit zu ermuntern, und zeigen Sie ihm gleichzeitig, dass es Hilfe annehmen darf.

Viele Herausforderungen können Sie zusammen meistern, aber manchmal sind auch wir Erwachsenen mit unserem Latein am Ende. Haben Sie dann keine Scheu, Unterstützung zu suchen! Manchmal reicht es schon, sich mit den Lehrer*innen Ihres Kindes oder anderen Eltern auszutauschen. Es gibt außerdem das Elterntelefon der *Nummer gegen Kummer* und regionale Beratungsstellen. Reden hilft – allein das Ausformulieren führt manchmal dazu, dass man auf eine Lösung stößt. Geschulte Berater*innen können außerdem beurteilen, ob Sie zusätzliche Unterstützung benötigen, und wissen, wer helfen kann.

Vergessen Sie nicht, dass Sie ein wichtiges Vorbild sind – Ihr Kind wird sich von Ihnen abschauen, wie man schwierige Situationen löst und mit unangenehmen Gefühlen umgeht.

HIER FINDEST DU HILFE

DIE NUMMER GEGEN KUMMER, 147 UND RAT AUF DRAHT

Du hast ein Problem, das du selbst nicht lösen kannst und weißt nicht, mit wem du darüber sprechen sollst? Dafür gibt es die *Nummer gegen Kummer.* Dort kannst du einfach kostenlos anrufen. Die netten Beraterinnen und Berater hören dir zu und können dir sagen, wer dir in deiner Nähe helfen kann. Telefonberatungen gibt es auch in der Schweiz und in Österreich.

Nummer gegen Kummer – Deutschland: 116 111
(Montag bis Samstag, 14 bis 20 Uhr)

147 – Schweiz: 147 *(rund um die Uhr)*

Rat auf Draht – Österreich: 147 *(rund um die Uhr)*

JUGENDNOTMAIL

Du willst lieber schreiben als telefonieren? Auf der Internetseite von Jugendnotmail kannst du den Beraterinnen und Beratern eine E-Mail schreiben oder mit ihnen chatten, wenn du ein Problem besprechen möchtest.

www.jugendnotmail.de

KINDERSCHUTZ-ZENTREN UND KINDEROMBUDSSTELLEN

In Deutschland gibt es insgesamt 32 Kinderschutz-Zentren, die dir helfen, wenn es dir zu Hause nicht gut geht. Wo sie sind und wie du sie erreichst, erfährst du am besten auf der Internetseite. In Österreich gibt es ebenfalls Kinderschutzzentren, und in der Schweiz heißen diese Stellen Kinderombudsstellen.

www.kinderschutz-zentren.org *(Deutschland)*
www.kinderombudsstelle.ch *(Schweiz)*
www.oe-kinderschutzzentren.at *(Österreich)*

KINDERSCHUTZBUND

Der Kinderschutzbund ist dafür zuständig, dass es Kindern in Deutschland gut geht. Er setzt sich zum Beispiel dafür ein, dass die Kinderrechtskonvention eingehalten wird, dass es armen Kindern besser geht und niemand Kindern wehtut. Es gibt viele Büros in ganz Deutschland, Österreich und der Schweiz. Die Internetseite ist zwar für Erwachsene gemacht, aber zusammen mit deinen Eltern findest du dort viele hilfreiche Adressen.

www.dksb.de *(Deutschland)*
www.kinderschutz.ch *(Schweiz)*
www.kinderschutz.at *(Österreich)*

PAUSENTASTE

Manche Kinder müssen zu Hause viel mehr helfen, als es für sie gut ist, zum Beispiel, weil ein Elternteil oder ein Geschwisterkind krank ist. Manchmal fällt dann niemandem in der Familie auf, dass das Kind selbst Hilfe bräuchte. Dafür ist die *Pausentaste* da: Auf der Internetseite erfährst du mehr darüber, wer dir helfen kann, und kannst mit anderen Betroffenen in Kontakt kommen.

www.pausentaste.de

DAJEB

Wenn deine Eltern Unterstützung suchen, können sie mal bei der *Deutschen Arbeitsgemeinschaft Jugend- und Eheberatung e.V. (DAJEB)* gucken. Keine Angst vor dem komplizierten Namen! Dort gibt es einen Beratungsführer, der Beratungsstellen in eurer Nähe findet.

www.dajeb.de

TRAU DICH!

Willst du noch mehr über Gefühle erfahren, über deine Grenzen und darüber, was du machen kannst, wenn jemand etwas von dir möchte, das du nicht willst? Dann schau mal auf der Internetseite *Trau dich* vorbei – am besten zusammen mit deiner Mutter oder deinem Vater. Da gibt's zum Beispiel Lexikoneinträge zu verschiedenen Gefühlen, Interviews mit Experten und auch Videos.

www.trau-dich.de

KLICKSAFE

Auch im Internet musst du erst lernen, dich sicher zu bewegen. Auf *klicksafe* kannst du zum Beispiel einen Surfschein (fürs Internetsurfen, klar!) machen und erfährst, worauf du beim Chatten achten solltest.

www.klicksafe.de/fuer-kinder

KINDERSACHE

Willst du mehr über deine Rechte erfahren? Dann schau mal auf *kindersache*, denn da dreht sich alles um Kinderrechte – bei uns und in aller Welt.

www.kindersache.de

DANKE

Annika Lundholm Moberg – ohne dich gäbe es dieses Buch nicht. Danke für deine wunderbaren Bilder, die tolle Gestaltung und deine Wärme – du bist die Beste! Bertil 4-ever.

Louella Bergman – der besten Verlegerin. Alles fühlt sich sicher und entspannt an, wenn du dabei bist.

Malin Bergman – danke für den Input und die Detailarbeit. Du hast das Buch hundertmal besser gemacht!

Kajsa, Per, Edit, Iris und Svante – danke, dass ihr mir euer Haus zur Verfügung gestellt habt, um mit dem Buch zu beginnen. Und vor allem – danke, dass ihr ein bisschen wie Familie seid.

An all die fantastischen Kinder und Jugendlichen, die ich kennenlernen durfte – ihr seid es, von denen ich alles gelernt habe, was ich kann.

Meiner Mutter, meiner Familie,
meinen Freunden und allen,
die noch dazugehören –
ihr seid alles.

Danke an Luna, Til und Nik,
die die Zettel
auf S. 74/75
geschrieben haben.